Autor _ Nietzsche
Título _ Sobre verdade e mentira

Copyright _ Hedra 2008

Tradução© _ Fernando de Moraes Barros

Título original _ *Über Wahrheit und Lüge im außermoralischen Sinn*

Corpo editorial _ Adriano Scatolin, Alexandre B. de Souza, Bruno Costa, Caio Gagliardi, Fábio Mantegari, Iuri Pereira, Jorge Sallum, Oliver Tolle, Ricardo Musse, Ricardo Valle

Dados _

Dados Internacionais de Catalogação na Publicação (CIP)

Nietzsche, Friedrich (1844–1900)

Sobre verdade e mentira. / Friedrich Nietzsche. Tradução e organização de Fernando de Moraes Barros. — São Paulo: Hedra, 2008. (Estudos Libertários). 98 p.

ISBN 978-85-7715-074-8

1. Filosofia Alemã. 2. Friedrich Nietzsche. I. Título. II. Série. III. Barros, Fernando de Moraes, Tradutor.

CDU 193
CDD 193

Elaborado por Wanda Lucia Schmidt CRB-8-1922

Direitos reservados em língua portuguesa somente para o Brasil

EDITORA HEDRA LTDA.

Endereço _ R. Fradique Coutinho, 1139 (subsolo) 05416-011 São Paulo SP Brasil

Telefone/Fax _ +55 11 3097 8304

E-mail _ editora@hedra.com.br

Site _ www.hedra.com.br

Foi feito o depósito legal.

Autor _ NIETZSCHE
Título _ SOBRE VERDADE E MENTIRA
Organização e tradução _ FERNANDO DE MORAES BARROS
São Paulo _ 2012

hedra

Friedrich Nietzsche (Röcken, 1844—Weimar, 1900), filósofo e
filólogo alemão, foi crítico mordaz da cultura ocidental e um
dos pensadores mais influentes da modernidade. Descendente
de pastores protestantes, opta no entanto por seguir carreira
acadêmica. Aos 25 anos, torna-se professor de letras clássicas
na Universidade da Basileia, onde se aproxima do compositor
Richard Wagner. Serve como enfermeiro voluntário na guerra
franco-prussiana, mas contrai difteria, a qual prejudica a sua
saúde definitivamente. Retorna a Basileia e passa a frequentar
mais a casa de Wagner. Em 1879, devido a constantes recaídas,
deixa a universidade e passa a receber uma renda anual. A
partir daí assume uma vida errante, dedicando-se
exclusivamente à reflexão e à redação de suas obras, dentre as
quais se destacam: *O nascimento da tragédia* (1872), *Assim
falava Zaratustra* (1883-1885), *Para além do bem e mal* (1886),
A genealogia da moral (1887) e *O anticristo* (1895). Em 1889,
apresenta os primeiros sintomas de problemas mentais,
provavelmente decorrentes de sífilis. Falece em 1900.

Sobre verdade e mentira no sentido extramoral (*Über Wahrheit
und Lüge im außermoralischen Sinn*) é um opúsculo que
investiga o alcance efetivo da linguagem, sobre a qual se
assenta todo o conhecimento da civilização ocidental. Para
Nietzsche, a confiança do homem moderno no poder das
palavras se funda no esquecimento de que algo que era
evidente quando as criou: elas são apenas uma metáfora para
as coisas e jamais poderiam encarnar o seu significado.
Constata-se, portanto, um desacerto entre o conhecimento
intuitivo e as abstrações conceituais. Esta obra foi ditada pelo
autor a um amigo no verão de 1873, mas só foi publicada após
a sua morte. A presente edição contém ainda uma seleta
oportuna de *Fragmentos póstumos*.

Fernando de Moraes Barros é doutor em filosofia pela
Universidade de São Paulo (USP) e professor da Universidade
Estadual de Santa Cruz (UESC). É autor de *A maldição
transvalorada – o problema da civilização em* O anticristo *de
Nietzsche* (Discurso/Unijuí, 2002) e *O pensamento musical de
Nietzsche* (Perspectiva, 2007).

SUMÁRIO

Introdução, por Fernando de Moraes Barros   9

SOBRE VERDADE E MENTIRA   23

FRAGMENTOS PÓSTUMOS   51

INTRODUÇÃO

De todos os textos de Nietzsche, *Sobre verdade e mentira no sentido extra-moral* é decerto um dos mais singulares e pregnantes. Ditado ao colega K. von Gersdorff em junho de 1873, o escrito é fruto não apenas de uma refinada espiritualidade, mas também de um importante redimensionamento teórico-especulativo. À diferença de ponderações anteriores, nele o filósofo alemão — à época, professor na Universidade da Basileia — já não toma a palavra a fim de caracterizar o despertar da tragédia ática. Tomado por novos planos e interesses, abandona-se agora a novas auto-satisfações. Pensador livre e laico, debruça-se sobre as assim chamadas ciências da natureza, comprazendo-se na leitura de textos tais como, por exemplo, *Philosophiae naturalis theoria* de R. J. Boscovich. Luz a eliminar preconceitos e intolerâncias, o espírito contido nos métodos científicos talvez ajude a desanuviar as sombras metafísicas que se acumulam em torno do conhecimento. Mais até. No momento em que aprende a questionar a si mesma, a verdade talvez termine por revelar alguma não-verdade à sua base, prestando um testemunho inteiramente inesperado sobre si própria. É precisamente essa suspeita que vigora em *Sobre verdade e mentira no sentido extra-moral*.

Movida pela crença de que a forma fundamental do pensamento é a mesma de suas manifestações por palavras, desde cedo, a filosofia não hesitou em identificar discurso e realidade. Concebendo o pensar como uma inequívoca atividade de simbolização enunciativa, ela parece ter sempre dado atenção especial à dimensão apofântica da linguagem, tomando enunciados verbais por verdadeiros ou falsos, em função de descreverem corretamente ou não o mundo. O que ocorreria, porém, se a verdade dos enunciados não passasse de um tipo de engano sem o qual o homem não poderia sobreviver? E se a condição da verdade fosse a mesma da mentira? Revelar-se-ia, então, o atávico caráter dissimulador do intelecto humano e, com ele, a suspeita de que entre o "refletir" e o "dizer" não vigora nenhuma identidade estrutural. É justamente a essa conclusão que Nietzsche espera conduzir-nos.

O caminho encontrado pelo filósofo alemão para abordar a questão não se inscreve num registro tradicional. Negando-se a separar o homem da natureza, sua abordagem procura mostrar que foi para satisfazer às injunções imediatas de sobrevivência que os seres humanos forjaram e aprimoraram o conhecimento. Servindo ao desejo de conservação imposto pela gregariedade, o intelecto priorizaria noções aptas a assegurar a vida em conjunto e, pelo mesmo trilho, seria obrigado a produzir falsificações. Nesse sentido, lê-se:

Como um meio para a conservação do indivíduo, o intelecto desenrola suas principais forças na dissimulação; pois esta constitui o meio pelo qual os indivíduos mais fracos, menos vigorosos, conservam-se, como aqueles aos quais é denegado empreender uma luta pela existência com chifres e presas afiadas. No homem, essa arte da dissimulação atinge seu cume.[1]

Por ser criada sob a pressão da necessidade de comunicação e sociabilidade, a consciência de si não faria parte, em rigor, da existência do indivíduo enquanto tal, mas de sua interação com o meio e aqueles que o rodeiam, referindo-se àquilo que nele há de comum e trivial. Admitir isso, porém, implica aceitar que os recursos de que o pensamento se serve para ganhar forma e conteúdo são pré-formados pela coletividade, de sorte que estaríamos fadados a exprimir nossos raciocínios sempre com as palavras que se acham à disposição de todos. A esse respeito, Nietzsche escreve:

Quando justamente a mesma imagem foi gerada milhões de vezes e foi herdada por muitas gerações de homens [...] então ela termina por adquirir, ao fim e

---

[1] Friedrich Nietzsche, *Sämtliche Werke. Kritische Studienausgabe*, Giorgio Colli e Mazzino Montinari, Berlim / Nova York, Walter de Gruyter, 1999, p. 876.

ao cabo, o mesmo significado para o homem, como se fosse a imagem exclusivamente necessária [...] assim como um sonho que se repete eternamente seria, sem dúvida, sentido e julgado como efetividade. [2]

Reincidentes, as experiências em comum com o outro terminariam por se sobrepor àquelas que ocorrem com menor frequência no seio da coletividade. Sem ter acesso, em princípio, a outras palavras, o indivíduo tampouco teria facilidade para liberar aquelas de que dispõe para outras aplicações. Resignado a tal inacessibilidade, ele é livre somente para falar e pensar como os outros.

Com efeito, dizer que são as palavras comumente partilhadas que possibilitam a conscientização do próprio sentir e pensar impele, ao menos, a uma relevante consequência: a de que aquilo que o homem sente e pensa a respeito de si mesmo já se encontra condicionado pelas mais elementares estruturas da linguagem. Para Nietzsche, todavia, as palavras nos iludem quando as tomamos à risca e deixamos de perceber, por meio delas, acontecimentos que elas mesmas não podem assimilar. A seu ver, o pensamento tornado consciente seria apenas um produto acessório do intrincado processo psíquico que o atravessa e constitui. Quando é vertida em palavras e signos de comunicação, a atividade reflexiva já se acharia circunscrita à esfera

[2] Id. ibid., p. 884.

da calculabilidade, e estaria inserida em esquemas longamente consolidados de simplificação e abstração, com vistas ao nivelamento identificador do fluxo polimorfo do vir-a-ser e da natureza.

Visto como um epifenômeno de nossas funções orgânicas fundamentais, o pensamento adquire, então, um sentido ligado a um universo infraconsciente bem mais recuado, que engloba processos vitais cujo sentido último sempre nos escaparia. Ao dispensar uma subjetividade que os estabelecesse e determinasse, tais processos reguladores assumem um significado associado a recônditas operações do corpo, não mais de uma consciência pensante detentora de suas representações, que, de resto, não passaria de um mero vetor auxiliar ou instrumento diretivo. A esse respeito, lê-se ainda:

O que sabe o homem, de fato, sobre si mesmo! [...] Não se lhe emudece a natureza acerca de todas as outras coisas, até mesmo acerca de seu corpo, para bani-lo e trancafiá-lo numa consciência orgulhosa e enganadora, ao largo dos movimentos intestinais, do veloz fluxo das correntes sanguíneas e das complexas vibrações das fibras! Ela jogou fora a chave: e coitada da desastrosa curiosidade que, através de uma fissura, fosse capaz de sair uma vez sequer da câmara da consciência e olhar para baixo, pressentindo que, na indiferença de seu não-saber, o homem repousa sobre o impiedoso, o voraz, o insaciável.[3]

[3] Id. ibid., p. 877.

INTRODUÇÃO

Para chegar a compreender melhor como a linguagem exerce seu efeito dissimulador sobre aquilo que o homem sente e pensa sobre si mesmo, impõe-se saber o que são as próprias palavras. Questão essa à qual se responde:

De antemão, um estímulo nervoso transposto em uma imagem! Primeira metáfora. A imagem, por seu turno, remodelada num som! Segunda metáfora.[4]

Duplo, o processo de formação da palavra comportaria a seguinte transposição: uma excitação nervosa convertida numa imagem mental e, em seguida, a transposição de tal imagem num som articulado. Heteróclita, a passagem operaria, em rigor, com elementos que pertencem a esferas disjuntivas, de sorte que uma correspondência biunívoca entre coisas e palavras só poderia ser obtida pela negação da distância que separa a sensação experimentada pelo indivíduo e o som por ele emitido. Ao acreditar que cada palavra pronunciada designa algo bem definido e acertado acerca do mundo exterior, ele mal pressente que se trata, aqui, de domínios desiguais.

Mas, precisamente por que a palavra foi criada para exprimir uma sensação subjetiva, ela só pode referir-se às relações entre as coisas e nós mesmos, nunca às próprias coisas:

Acreditamos saber algo acerca das próprias coisas,

[4]Id. ibid., p. 879.

quando falamos de árvores, cores, neve e flores, mas, com isso, nada possuímos senão metáforas das coisas, que não correspondem, em absoluto, às essencialidades originais.[5]

Todavia, desejoso de encontrar correlatos para as palavras que veicula, o indivíduo abrevia aquilo que se lhe apresenta conforme seus interesses, optando, de modo unilateral, ora por este, ora por aquele aspecto da efetividade. Niveladora, a linguagem da qual ele se serve depende da igualação do não-igual para adquirir autovaloração, o que se tornaria patente, por exemplo, na própria constituição dos conceitos:

Tão certo como uma folha nunca é totalmente igual a uma outra, é certo ainda que o conceito de folha é formado por meio de uma arbitrária abstração dessas diferenças individuais, por um esquecer-se do diferenciável.[6]

Tomada num sentido unívoco e inabalável, no sentido que lhe foi dado em todas as épocas, a palavra mesma passa a ser vista como existindo *ad aeternum*. Instituída num tempo adâmico, o falante talvez até acreditasse que ela adquire realidade num mundo supra-sensível. Contrariando esse estado de coisas, o filósofo alemão empreende a pergunta pela produção mesma do signo linguístico e, ao

---

[5]Id. ibid., p. 879.
[6]Id. ibid. , p. 880.

INTRODUÇÃO

fazê-lo, termina por colocar a questão acerca das circunstâncias de seu aparecimento. Com isso, pretende conduzir-nos à ideia de que, na linguagem, o que vigora não é a imobilidade de sentido e tampouco uma estrutura invariável dotada de significação idêntica, mas

> Um exército móvel de metáforas, metonímias, antropomorfismos, numa palavra, uma soma de relações humanas que foram realçadas poética e retoricamente.[7]

Porque passa ao largo dessa profusão de formas e figuras, a compressão essencialista da linguagem revela-se, desde logo, uma fonte inesgotável de auto-enganos. Tomando acidentes por substâncias e relações por essências, ela transpõe e inverte as categorias que ela mesma se dedica a engendrar; substituindo coisas por significados, faz crer que as designações e as coisas se recobrem e, com isso, ilude quem nela procura fiar-se;[8] condicionando o homem ao hábito gramatical de interpretar a realidade vendo nela apenas sujeitos e predicados, incita-o a postular a existência de um autor por detrás de toda ação; enquadrando aquilo que os seres humanos pensam e falam nos padrões da causali-

---

[7] Id. ibid., p. 880.

[8] "O conceito 'lápis'" — escreve Nietzsche — "é trocado pela 'coisa' lápis." (Id. Fragmento póstumo do verão de 1872, nº 19 [242]; em *Sämtliche Werke. Kritische Studienausgabe*, Giorgio Colli e Mazzino Montinari, Berlim / Nova York, Walter de Gruyter, 1999, vol. 7, p. 495).

dade, tal concepção os impele, em suma, a negar o caráter processual da existência.

A exigência analítica de um modo de expressão perfeitamente adequado e objetivo, qual um decalque transparente da esfera que designa a efetividade, só poderia ganhar relevo, no fundo, pela falta de cautela crítica. Daí a oportunidade descerrada por Nietzsche de combater a ideia de que se possa obter, por meio das palavras, um acesso ao núcleo indivisível e inquestionável do existir. A seu ver, a verdade que as palavras nos colocariam em mãos seria de ordem tautológica. Através delas, o homem apenas reencontraria aquilo que ele próprio teria introduzido nas designações. A fim de esclarecer essa curiosa espécie de auto-ofuscamento, o filósofo alemão provê o seguinte exemplo:

> Quando alguém esconde algo detrás de um arbusto, volta a procurá-lo justamente lá onde o escondeu e além de tudo o encontra, não há muito do que se vangloriar nesse procurar e encontrar [...] Se crio a definição de mamífero e, aí então, após inspecionar um camelo, declaro: veja, eis um mamífero, com isso, uma verdade decerto é trazida à plena luz, mas ela possui um valor limitado.[9]

O processo que consiste em definir o conceito de animal mamífero para, a partir de um animal particular, compor o enunciado "Veja, eis um ma-

[9]Id. ibid., p. 883.

mífero", teria como consequência a ideia de que o "ser" mamífero pertenceria essencialmente ao exemplo individual. O que já não ocorreria no seguinte caso:

Denominamos um homem honesto; perguntamos então: por que motivo ele agiu hoje de modo tão honesto? Nossa resposta costuma ser a seguinte: em função de sua honestidade.[10]

A despeito de figurar como uma propriedade acidental do sujeito da proposição, o termo "honesto" dá a entender, aqui, que a própria "honestidade" pertence à essência do sujeito em questão, não só como atributo, mas como substância, já que foi em virtude de tal termo que a denominação ganhou sentido, de sorte que a alardeada diferença entre essência e acidente não seria nada inconcussa, mas inteiramente casual. O que também revelaria, uma vez mais, a tautologia subjacente à própria linguagem: o ser do homem honesto estaria, no fundo, no fato de ele ser honesto.

Assim, se pela definição geral — animal mamífero, por exemplo – não se tem acesso ao "verdadeiro em si", tampouco caberá às palavras que se aplicam às propriedades particulares torná-lo acessível a nós. Antropomórfica, a oposição entre universal e particular não proviria da essência das coisas, mas de um abuso:

[10] Id. ibid., p. 880.

Nada sabemos, por certo, a respeito de uma qualidade essencial que se chamasse a honestidade, mas, antes do mais, de inúmeras ações individualizadas e, por conseguinte, desiguais, que igualamos por omissão do desigual e passamos a designar, desta feita, como ações honestas.[11]

Mas se, por aí, o homem não faz senão se enredar na trama de suas próprias ficções, não lhe seria permitido vislumbrar uma dimensão mais visceral, através da qual ele pudesse reencontrar não a presença imediata das coisas em si mesmas, mas aquilo que há de "inexplorado" na palavra? Na tentativa de responder afirmativamente à pergunta, Nietzsche espera descobrir e afirmar um modo de representação anterior à própria palavra articulada, que viria à tona sob a forma de uma metáfora intuitiva. Acerca desta que poderia ser caracterizada como uma ancestral remota e fugidia do próprio conceito, ele pondera:

Mesmo o conceito, ossificado e octogonal como um dado e tão rolante como este, permanece tão-somente o *resíduo de uma metáfora*, sendo que a ilusão da transposição artística de um estímulo nervoso em imagens, se não é a mãe, é ao menos a avó de todo conceito.[12]

Como inequívoca paródia da compreensão do homem acerca da linguagem, a metáfora intuitiva

---

[11]Id. ibid. , p. 880.
[12]Id. ibid., p. 882.

surge, se não como a mãe, pelo menos enquanto a mãe da mãe de toda representação conceitual. Mas, evitando investigar a história de seus "antepassados", a rede humana de conceitos já não reconhece as metáforas de origem, como metáforas, e as toma pelas coisas mesmas. É justamente por proceder dessa maneira que a linguagem renunciaria à oportunidade de tomar para si outras funções, soterrando o poder criador e inaudito que traz consigo. A esse propósito, o filósofo alemão escreve ainda:

A partir dessas intuições nenhum caminho regular dá acesso à terra dos esquemas fantasmagóricos, [...] o homem emudece quando as vê, ou, então, fala por meio de metáforas nitidamente proibidas e combinações conceituais inauditas, para ao menos corresponder criativamente, mediante o desmantelamento e a ridicularização das antigas limitações conceituais, à poderosa intuição atual.[13]

Em vista disso, quem procurasse na linguagem "um novo âmbito para sua ação",[14] seja por meio de metáforas proibidas, seja por meio de arranjos conceituais inéditos, encontraria tal senda, "em linhas gerais, na arte."[15] São precisamente as consequências dessa aceitação que irão impelir Nietzsche, mais tarde, a tentar assegurar à linguagem não

[13] Id. ibid., p. 889.
[14] Id. ibid., p. 887.
[15] Id. ibid., p. 887.

um fundo sonoro supra-sensível, mas uma musicalidade atinente à própria palavra. É também por aí que se compreende o motivo pelo qual a chamada linguagem dos gestos terminará por converter-se, como expressão derradeira e paroxística do estilo nietzschiano, na própria "eloquência tornada música". Razões bastantes para que a ponderação contida em *Sobre verdade e mentira no sentido extra--moral* possa ser vista como a semente a partir da qual nasce e cresce a orientação filosófica exigida pelo Nietzsche da maturidade. E não só. Ao mostrar que a ilusão faz parte dos pressupostos da vida, seu autor faz ver que nós também, a despeito de nossas portentosas verdades, mentimos para viver.

SOBRE VERDADE E MENTIRA

SOBRE VERDADE E MENTIRA
no sentido extramoral

I

EM ALGUM REMOTO recanto do universo, que se deságua fulgurantemente em inumeráveis sistemas solares, havia uma vez um astro, no qual animais astuciosos inventaram o conhecimento. Foi o minuto mais audacioso e hipócrita da "história universal": mas, no fim das contas, foi apenas um minuto. Após alguns respiros da natureza, o astro congelou-se, e os astuciosos animais tiveram de morrer. Alguém poderia, desse modo, inventar uma fábula e ainda assim não teria ilustrado suficientemente bem quão lastimável, quão sombrio e efêmero, quão sem rumo e sem motivo se destaca o intelecto humano no interior da natureza; houve eternidades em que ele não estava presente; quando ele tiver passado mais uma vez, nada terá ocorrido. Pois, para aquele intelecto, não há nenhuma missão ulterior que conduzisse para além da vida humana. Ele é, ao contrário, humano, sendo que apenas seu possuidor e gerador o toma de maneira tão patética, como se os eixos do mundo girassem nele. Mas se pudéssemos pôr-nos de acordo com o mosquito, aprenderíamos então que ele também flutua pelo ar com esse *pathos* e sente em si o centro esvoaçante deste mundo. Na natureza, não há nada tão ignóbil e insignificante que, com um pequeno sopro daquela força do conhecimento, não inflasse, de súbito, como um saco; e assim como todo carregador de peso quer ter seu admirador, o mais orgulhoso dos homens, o filósofo, acredita ver por todos os lados os olhos do universo voltados telescopicamente na direção de seu agir e pensar.[1]

É curioso que isso seja levado a efeito pelo intelecto, precisamente ele, que foi outorgado apenas como instrumento auxiliar aos mais infelizes, frágeis e evanescentes dos seres, para conservá-los um minuto na existência; da qual, do contrário, sem essa outorga, eles teriam todos os motivos para fugir tão rapidamente quanto o filho de Lessing.[2]

[1] Friedrich Nietzsche, *Über Wahrheit und Lüge im aussermoralischen Sinne*. Em *Sämtliche Werke. Kritische Studienausgabe*, Giorgio Colli e Mazzino Montinari, Berlim / Nova York, Walter de Gruyter, 1999, pp. 873–890.

[2] Tido por Nietzsche como um "*erudito ideal*" (Cf. F. Nietzsche, Fragmento póstumo do inverno de 1869 e da primavera de 1870, n° 2 [12]. Em *Sämtliche Werke. Kritische Studienausgabe*, Giorgio Colli e Mazzino Montinari, Berlim / Nova York, Walter de Gruyter, 1999, vol. 7, p. 49), Gotthold Ephraim Lessing (1729–1781) pondera, numa reveladora carta a Johann Joachim Eschenburg, sobre a morte prematura de seu filho: "Minha alegria durou pouco: perdi-o com tama-

Aquela audácia ligada ao conhecer e sentir, que se acomoda sobre os olhos e sentidos dos homens qual uma névoa ofuscante, ilude-os quanto ao valor da existência, na medida em que traz em si a mais envaidecedora das apreciações valorativas sobre o próprio conhecer. Seu efeito mais universal é engano — todavia, os efeitos mais particulares também trazem consigo algo do mesmo caráter.

Como um meio para a conservação do indivíduo, o intelecto desenrola suas principais forças na dissimulação; pois esta constitui o meio pelo qual os indivíduos mais fracos, menos vigorosos, conservam-se, como aqueles aos quais é denegado empreender uma luta pela existência com chifres e presas afiadas. No homem, essa arte da dissimulação atinge seu cume: aqui, o engano, o adular, mentir e enganar, o falar pelas costas, o representar, o viver em esplendor consentido, o mascaramento, a convenção acobertadora, o fazer drama diante dos outros e de si mesmo, numa palavra, o constante saracotear em torno da chama única da vaidade,

---

nha relutância, esse filho! Pois ele tinha tanto entendimento! Tanto entendimento! Não pense que minhas poucas horas de paternidade fizeram de mim uma besta de pai! Sei o que falo. Não foi o entendimento que obrigou a puxá-lo a férreo fórceps para o mundo? Que tão cedo o levou a perceber sua desrazão? Não foi do entendimento que ele se valeu na primeira oportunidade que teve para abandoná-lo novamente?" (Em G. E. Lessing, *Kritik und Dramaturgie. Ausgewählte Prosa*, Stuttgart, Reclam, 1957, p. 84).

constitui a tal ponto a regra e a lei que quase nada é mais incompreensível do que como pôde vir à luz entre os homens um legítimo e puro impulso à verdade. Eles se acham profundamente imersos em ilusões e imagens oníricas, seu olho desliza apenas ao redor da superfície das coisas e vê "formas", sua sensação não leva à verdade em nenhum lugar, mas antes se satisfaz em receber estímulos e tocar, por assim dizer, um teclado sobre o dorso das coisas. Para tanto, o homem consente, à noite, e através de toda uma vida, ser enganado em sonho, sem que seu sentimento moral jamais tentasse evitar isso: não obstante, deve haver homens que, pela força de vontade, deixaram de roncar. O que sabe o homem, de fato, sobre si mesmo! Seria ele sequer capaz, em algum momento, de perceber-se inteiramente, como se estivesse numa iluminada cabine de vidro? Não se lhe emudece a natureza acerca de todas as outras coisas, até mesmo acerca de seu corpo, para bani-lo e trancafiá-lo numa consciência orgulhosa e enganadora, ao largo dos movimentos intestinais, do veloz fluxo das correntes sanguíneas e das complexas vibrações das fibras! Ela jogou fora a chave: e coitada da desastrosa curiosidade que, através de uma fissura, fosse capaz de sair uma vez sequer da câmara da consciência e olhar para baixo, pressentindo que, na indiferença de seu não-saber, o homem repousa sobre o impiedoso, o voraz, o insaciável, o assassino, como se, em sonhos, estivesse dependurado sobre as costas de um tigre. Então de onde viria o impulso à verdade no mundo inteiro, nessa constelação?

Enquanto o indivíduo, num estado natural das coisas, quer preservar-se contra outros indivíduos, ele geralmente se vale do intelecto apenas para a dissimulação: mas, porque o homem quer, ao mesmo tempo, existir socialmente e em rebanho, por necessidade e tédio, ele necessita de um acordo de paz e empenha-se então para que a mais cruel *bellum omnium contra omnes* ao menos desapareça de seu mundo. Esse acordo de paz traz consigo, porém, algo que parece ser o primeiro passo rumo à obtenção daquele misterioso impulso à verdade. Agora, fixa-se aquilo que, doravante, deve ser "verdade", quer dizer, descobre-se uma designação uniformemente válida e impositiva das coisas, sendo que a legislação da linguagem fornece também as primeiras leis da verdade: pois aparece, aqui, pela primeira vez, o contraste entre verdade e mentira; o mentiroso serve-se das designações válidas, as palavras, para fazer o imaginário surgir como efetivo; ele diz, por exemplo, "sou rico", quando para seu estado justamente "pobre" seria a designação mais acertada. Ele abusa das convenções consolidadas por meio de trocas arbitrárias ou inversões dos nomes, inclusive. Se faz isso de uma maneira individualista e ainda por cima nociva, então a sociedade não confiará mais nele e, com isso, tratará de excluí-lo. Nisso, os homens não evitam tanto ser ludibriados quanto lesados pelo engano. Mesmo nesse nível, o que eles odeiam fundamentalmente não é o engano, mas as consequências ruins, hostis, de certos gêneros de enganos. Num sentido semelhantemente limitado, o homem também quer apenas a verdade. Ele quer as consequências agradáveis da verdade, que conservam a vida; frente ao puro conhecimento sem consequências ele é indiferente, frente às verdades possivelmente prejudiciais e destruidoras ele se indispõe com hostilidade, inclusive. E mais até: como ficam aquelas convenções da linguagem? São talvez produtos do conhecimento, do sentido de verdade: as designações e as coisas se recobrem? Então a linguagem é a expressão adequada de todas as realidades? Apenas por esquecimento pode o homem alguma vez chegar a imaginar que detém uma verdade no grau ora mencionado. Se ele não espera contentar-se com a verdade sob a forma da tautologia, isto é, com conchas vazias, então irá permutar eternamente ilusões por verdades. O que é uma palavra? A reprodução de um estímulo nervoso em sons. Mas deduzir do estímulo nervoso uma causa fora de nós já é o resultado de uma aplicação falsa e injustificada do princípio de razão. Como poderíamos, caso tão-somente a verdade fosse decisiva na gênese da linguagem, caso apenas o ponto de vista da certeza fosse algo decisório nas designações, como poderiamos nós, não obstante, dizer: a pedra é dura; como se esse "dura" ainda nos fosse conhecido de alguma outra maneira e não só como um estímulo totalmente subjetivo! Seccionamos as coisas de acordo com gêneros, designamos a árvore como feminina e o vegetal como masculino: mas que transposições arbitrárias! Quão longe voamos para além do cânone da certeza! Falamos sobre uma serpente: a designação não tange senão ao ato de serpentear e, portanto, poderia servir também ao verme. Mas que demarcações arbitrárias, que preferências unilaterais, ora por esta, ora por aquela propriedade de uma dada coisa! Dispostas lado a lado, as diferentes línguas mostram que, nas palavras, o que conta nunca é a verdade, jamais uma expressão adequada: pois, do contrário, não haveria tantas línguas. A "coisa em si" (ela seria precisamente a pura verdade sem quaisquer consequências) também é, para o criador da linguagem, algo totalmente inapreensível e pelo qual nem de longe vale a pena esforçar-se. Ele designa apenas as relações das coisas com os homens e, para expressá-las, serve-se da ajuda das mais ousadas metáforas. De antemão, um estímulo nervoso transposto em uma imagem! Primeira metáfora. A imagem, por seu turno, remodelada num som! Segunda metáfora. E, a cada vez, um completo sobressalto de esferas em direção a uma outra totalmente diferente e nova. Pode-se conceber um homem que seja completamente surdo e que jamais tenha tido uma sensação do som e da música: da mesma forma que este, um tanto espantado com as figuras sonoras de Chladni sobre a areia,[3] encontra suas causas na vibração das cordas

[3] O texto faz menção ao experimento levado a cabo pelo físico alemão Ernst Chladni (1756–1827) que se destina a verificar a ocorrência de certas formas vibratórias e que convém, aqui, explicitar. Basicamente, trata-se de cobrir a superfície de uma placa circular de madeira, vidro ou metal, com leves partículas de areia — em realidade, cortiça em pó para, com o auxílio de um arco de violino, provocar vibrações em lugares específicos na borda do disco assim disposto. Em consequência das vibrações, as partículas da placa terminam por se dividir em diversas seções, movimentando-se aqui e acolá, para cima e para baixo, formando traços limítrofes e linhas nodais entre as áreas mais agitadas e as zonas com menor intensidade vibrátil. Ao longo de tal processo, as partículas polvilhadas tendem a espalhar-se em meio às extensões mais vibrantes e acumular-se lá, onde a vibração é menor, de sorte que, de acordo com a forma do disco e conforme o local em que nele é provocado o movimento vibratório, diferentes figuras sonoras vêm à superfície. Aqui o melhor mesmo é recorrer às palavras do próprio físico alemão. Em sua principal obra, *A acústica*, ele diz: "As placas podem ser de vidro ou de um metal bastante sonoro [...] Pode-se servir, inclusive, de placas de madeira, mas, nesse caso, as figuras não serão regulares, já que a elasticidade não é a mesma nos diferentes sentidos. Normalmente, sirvo-me de placas de vidro, já que é possível encontrá-las facilmente sob a mesma espessura e porque sua transparência permite enxergar os locais nos quais são tocadas, com os dedos, por debaixo". (Ernst Chladni, *Die Akustik*, Leipzig, Breitkopf u. Härtel, 1802, p. 118–19). Mais adiante, especificamente sobre as placas circulares,

e jurará que agora não pode mais ignorar aquilo que os homens chamam de som, assim também sucede a todos nós com a linguagem. Acreditamos saber algo acerca das próprias coisas, quando falamos de árvores, cores, neve e flores, mas, com isso, nada possuímos senão metáforas das coisas, que não correspondem, em absoluto, às essencialidades originais. Tal como o som sob a forma de figura de areia, assim se destaca o enigmático "x" da coisa em si, uma vez como estímulo nervoso,

ele esclarece: "No que tange aos tipos de vibração de uma placa circular, as linhas nodais são ou diametrais ou circulares [...] Exprimirei o número de linhas nodais da mesma forma que os das placas retangulares, posicionando o número atinente às linhas nodais nas direções diametrais antes do traço que separa os dois números por mim indicados, e, depois do traço, o número de linhas nodais paralelas à borda, sendo que estes últimos serão escritos em algarismos romanos. Assim, por exemplo, 2/0 irá indicar o tipo de vibração no qual não há senão duas linhas diametrais; 0/1 aquele que não apresenta senão uma linha circular [...] 2/0 em que duas linhas diametrais se cruzam no centro [figura 99] é, dentre todas as figuras possíveis, aquela equivale ao som mais grave".

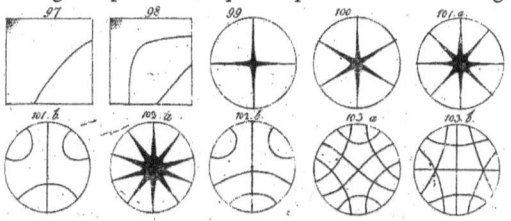

(*Ibid.* p. 156–157.)

em seguida como imagem, e, por fim, como som.[4] De qualquer modo, o surgimento da linguagem não procede, pois, logicamente, sendo que o inteiro material no qual e com o qual o homem da verdade, o pesquisador, o filósofo, mais tarde trabalha e edifica, tem sua origem, se não em alguma nebulosa cucolândia, em todo caso não na essência das coisas.

Ponderemos ainda, em especial, sobre a formação dos conceitos: toda palavra torna-se de imediato um conceito à medida que não deve servir, a título de recordação, para a vivência primordial

---

[4] As figuras de Chladni são oportunas a Nietzsche, porque servem para indicar, a partir do âmbito sonoro, a impossibilidade de expressar adequadamente a "verdadeira" realidade do mundo. Assim como tais figuras se incumbem de editar cópias dos sons noutro meio — na areia, no caso, assim também se relacionariam as palavras com as coisas, a saber, a partir da transposição de um estímulo nervoso em imagem e, depois, em som. O homem, inflexível em relação ao enigmático "x" por detrás do que fala e escuta, contemplaria em vão os desenhos sonoros sem neles descerrar qualquer passagem ao legítimo "ser" das coisas. Afinal, como dirá Nietzsche alhures: "Não podemos pensar as coisas tais como elas são, pois não deveríamos justamente pensá-las. Tudo permanece assim, tal como é: isto é, todas as qualidades revelam uma matéria indefinida e absoluta. A relação aqui se dá como aquela que as figuras sonoras de Chladni estabelecem com as vibrações" (F. Nietzsche, Fragmento póstumo do verão de 1872 e início de 1873, n° 19 [140]. Em *Sämtliche Werke. Kritische Studienausgabe*, Giorgio Colli e Mazzino Montinari, Berlim / Nova York, Walter de Gruyter, 1999, vol. 7, p. 464).

completamente singular e individualizada à qual deve seu surgimento, senão que, ao mesmo tempo, deve coadunar-se a inumeráveis casos, mais ou menos semelhantes, isto é, nunca iguais quando tomados à risca, a casos nitidamente desiguais, portanto. Todo conceito surge pela igualação do não-igual. Tão certo como uma folha nunca é totalmente igual a uma outra, é certo ainda que o conceito de folha é formado por meio de uma arbitrária abstração dessas diferenças individuais, por um esquecer-se do diferenciável, despertando então a representação, como se na natureza, além das folhas, houvesse algo que fosse "folha", tal como uma forma primordial de acordo com a qual todas as folhas fossem tecidas, desenhadas, contornadas, coloridas, encrespadas e pintadas, mas por mãos ineptas, de sorte que nenhum exemplar resultasse correto e confiável como cópia autêntica da forma primordial. Denominamos um homem honesto; perguntamos então: por que motivo ele agiu hoje de modo tão honesto? Nossa resposta costuma ser a seguinte: em função de sua honestidade. A honestidade! Uma vez mais, isso significa: a folha é a causa das folhas. Nada sabemos, por certo, a respeito de uma qualidade essencial que se chamasse honestidade, mas, antes do mais, de inúmeras ações individualizadas e, por conseguinte, desiguais, que igualamos por omissão do desigual e passamos a designar, desta feita, como ações honestas; a partir delas formulamos, finalmente, uma *qualitas occulta* com o nome: honestidade.

A inobservância do individual e efetivo nos fornece o conceito, bem como a forma, ao passo que a natureza desconhece quaisquer formas e conceitos, e, portanto, também quaisquer gêneros, mas tão--somente um "x" que nos é inacessível e indefinível. Pois até mesmo nossa oposição entre indivíduo e gênero é antropomórfica, e não advém da essência das coisas, ainda que não arrisquemos dizer que ela não lhe corresponde: isso seria, efetivamente, uma asserção dogmática e, como tal, tão indemonstrável quanto o seu contrário.

O que é, pois, a verdade? Um exército móvel de metáforas, metonímias, antropomorfismos, numa palavra, uma soma de relações humanas que foram realçadas poética e retoricamente, transpostas e adornadas, e que, após uma longa utilização, parecem a um povo consolidadas, canônicas e obrigatórias: as verdades são ilusões das quais se esqueceu que elas assim o são, metáforas que se tornaram desgastadas e sem força sensível, moedas que perderam seu troquel e agora são levadas em conta apenas como metal, e não mais como moedas. Ainda não sabemos donde provém o impulso à verdade: pois, até agora, ouvimos falar apenas da obrigação de ser veraz, que a sociedade, para existir, institui, isto é, de utilizar as metáforas habituais; portanto, dito moralmente: da obrigação de mentir conforme uma convenção consolidada, mentir em rebanho num estilo a todos obrigatório. O homem decerto se esquece que é assim que as coisas se lhe apresentam; ele mente, pois, da maneira indicada, inconscientemente e conforme hábitos seculares — e precisamente *por meio dessa inconsciência*, justamente mediante esse esquecer-se, atinge o sentimento da verdade. No sentimento de estar obrigado a indicar uma coisa como vermelha, outra como fria e uma terceira como muda, sobrevém uma emoção moral atinente à verdade: a partir da contraposição ao mentiroso, àquele em quem ninguém confia e que todos excluem, o homem demonstra para si o que há de venerável, confiável e útil na verdade. Como ser *racional*, põe seu agir sob o império das abstrações: já não tolera mais ser arrastado por impressões repentinas, pelas intuições, sendo que universaliza, antes, todas essas impressões em conceitos mais desbotados e frios, para neles atrelar o veículo de seu viver e agir. Tudo aquilo que sobreleva o homem ao animal depende dessa capacidade de volatilizar as metáforas intuitivas num esquema, de dissolver uma imagem num conceito, portanto; no âmbito daqueles esquemas, torna-se possível algo que nunca poderia ser alcançado sob a égide das primeiras impressões intuitivas: erigir uma ordenação piramidal segundo castas e gradações, criar um novo mundo de leis, privilégios, subordinações, delimitações, que agora faz frente ao outro mundo intuitivo das primeiras impressões como o mais consolidado, universal, conhecido, humano e, em virtude disso, como o mundo regulador e imperativo. Enquanto cada metáfora intuitiva é individual e desprovida de seu correlato, e, por isso, sabe sempre eludir a todo rubricar, o grande edifício dos conceitos exibe a inflexível regularidade de um columbário romano e exala na lógica aquela dureza e frieza que são próprias à matemática. Aquele que é baforado por essa frieza mal acreditará que mesmo o conceito, ossificado e octogonal como um dado e tão rolante como este, permanece tão-somente o *resíduo de uma metáfora*, sendo que a ilusão da transposição artística de um estímulo nervoso em imagens, se não é a mãe, é ao menos a avó de todo conceito. Mas, no interior desse jogo de dados dos conceitos, denomina-se "verdade" a utilização de cada dado tal como ele é designado; contar seus pontos com acuidade, formar rubricas corretas e jamais atentar contra a ordenação de castas, bem como contra a sequência das classes hierarquicamente organizadas. Tal como os romanos e etruscos dissecavam o céu através de firmes linhas matemáticas e relegavam um deus num espaço assim demarcado, como num templo, assim cada povo tem sobre si um equivalente céu conceitual matematicamente dividido e, sob a exigência da verdade, agora entende que cada deus conceitual deve ser buscado apenas em *sua* esfera. Aqui, cabe muito bem admirar o homem como um formidável gênio da construção, capaz de erguer sobre fundamentos instáveis e como que sobre água corrente um domo de conceitos infinitamente complicado; por certo, a fim de manter-se firmemente em pé sobre tais fundamentos, cumpre ser uma construção como que feita com teias de aranha, suficientemente delicada que possa ser levada pelas ondas e firme o bastante para não ser despedaçada pelo sopro do vento. Como gênio da construção, o homem eleva-se muito acima da abelha na seguinte medida: esta última constrói a partir da cera, que ela recolhe da natureza, ao passo que o primeiro a partir da matéria muito mais delicada dos conceitos, que precisa fabricar a partir de si mesmo. Aqui, cumpre admirá-lo muito, mas não somente por causa de seu impulso à verdade, ao conhecimento puro das coisas. Quando alguém esconde algo detrás de um arbusto, volta a procurá-lo justamente lá onde o escondeu e além de tudo o encontra, não há muito do que se vangloriar nesse procurar e encontrar: é assim que se dá com o procurar e encontrar da "verdade" no interior do domínio da razão. Se crio a definição de mamífero e, aí então, após inspecionar um camelo, declaro: veja, eis um mamífero, com isso, uma verdade decerto é trazida à plena luz, mas ela possui um valor limitado, digo, ela é antropomórfica de fio a pavio e não contém um único ponto sequer que fosse "verdadeiro em si", efetivo e universalmente válido, deixando de lado o homem. Em princípio, o pesquisador dessas verdades procura apenas a metamorfose do mundo nos homens; esforça-se por uma compreensão do mundo visto como uma coisa própria ao homem e, na melhor das hipóteses, granjeia para si o sentimento de uma assimilação. À semelhança do astrólogo que observa as estrelas a serviço dos homens e em conformidade com sua felicidade e sofrimento, assim também um tal pesquisador observa o mundo inteiro como conectado ao homem, como o ressoar infinitamente fragmentado de um som primordial, do homem, como a cópia reduplicada de uma imagem primordial, do homem. Eis seu procedimento: ter o homem por medida de todas as coisas, algo que ele faz, porém, partindo do erro de acreditar que teria tais coisas como objetos puros diante de si. Ele se esquece, pois, das metáforas intuitivas originais tais como são, metáforas, e as toma pelas próprias coisas.

Somente pelo esquecimento desse mundo metafórico primitivo, apenas pelo enrijecimento e petrificação de uma massa imagética que, qual um líquido fervente, desaguava originalmente em torrentes a partir da capacidade primitiva da fantasia humana, tão-somente pela crença imbatível de que *este* sol, *esta* janela, esta mesa são uma verdade em si, em suma, apenas por que o homem se esquece enquanto sujeito e, com efeito, enquanto sujeito *artisticamente criador*, ele vive com certa tranquilidade, com alguma segurança e consequência; se pudesse sair apenas por um instante das redomas aprisionadoras dessa crença, então sua "autoconsciência" desapareceria de imediato. Exige-lhe esforço, inclusive, admitir para si mesmo o fato de que o inseto ou o pássaro percebem um mundo totalmente diferente daquele percebido pelo homem, sendo que a pergunta por qual das duas percepções de mundo é a mais correta não possui qualquer sentido, haja vista que, para respondê-la, a questão teria de ser previamente medida com o critério atinente à *percepção correta*, isto é, de acordo com um critério que *não está à disposição*. A mim me parece, em todo caso, que a percepção correta — que significaria a expressão adequada de um objeto no sujeito — é uma contraditória absurdidade: pois, entre duas esferas absolutamente diferentes tais como entre sujeito e objeto não vigora nenhuma causalidade, nenhuma exatidão, nenhuma expressão, mas, acima de tudo, uma relação *estética*, digo, uma transposição sugestiva, uma tradução balbuciante para uma língua totalmente estranha. Algo que requer, de qualquer modo, uma esfera intermediária manifestamente poética e inventiva, bem como uma força mediadora. A palavra aparência contém muitas tentações, daí eu evitá-la sempre que possível: pois não é verdade que a essência das coisas aparece no mundo empírico. Um pintor cujas mãos lhe faltassem e quisesse, ainda assim, expressar pelo canto a imagem por ele visionada, sempre revelará, nessa troca de esferas, muito mais sobre a essência das coisas do que aquilo que revela o mundo empírico. A própria relação de um estímulo nervoso com a imagem gerada não é, em si, algo necessário; mas, quando justamente a mesma imagem foi gerada milhões de vezes e foi herdada por muitas gerações de homens, até que, por fim, aparece junto à humanidade inteira sempre na sequência da mesma ocasião, então ela termina por adquirir, ao fim e ao cabo, o mesmo significado para o homem, como se fosse a imagem exclusivamente necessária e como se aquela relação do estímulo nervoso original com a imagem gerada constituísse uma firme relação causal; assim como um sonho que se repete eternamente seria, sem dúvida, sentido e julgado como efetividade. Mas o enrijecimento e a petrificação de uma metáfora não asseguram coisa alguma à sua necessidade e justificação exclusiva.

Sem dúvida, todo homem que possui familiaridade com tais considerações já sentiu uma profunda desconfiança frente a todo idealismo desse tipo, logo que se convenceu de maneira suficientemente clara da eterna consequência, onipresença e infalibilidade das leis naturais; daí extraiu a seguinte conclusão: desde que penetremos em direção às alturas do mundo telescópico e rumo às profundezas do mundo microscópico, aqui tudo é seguro, completo, infinito, regular e sem lacunas; a ciência cavará eternamente com êxito nesses poços, sendo que todo seu achado concordará consigo mesmo e não irá contradizer-se. Quão pouco isso se assemelha a um produto da fantasia: pois, se fosse esse o caso, teria de tornar patente, em algum lugar, a aparência e a irrealidade. Em contraposição a isso, cumpre dizer: se cada um de nós tivesse para si uma percepção sensível diferente, poderíamos por nós mesmos perceber ora como pássaro, ora como verme, ora como planta, ou, então, se algum de nós visse o mesmo estímulo como vermelho, outro como azul e um terceiro o escutasse até mesmo sob a forma de um som, então ninguém falaria de uma tal regularidade da natureza, mas, de maneira bem outra, trataria de apreendê-la apenas como uma criação altamente subjetiva. A ser assim: o que é, para nós, uma lei da natureza? Ela não se dá a conhecer em si mesma, mas somente em seus efeitos, isto é, em suas relações com outras leis naturais, que, uma vez mais, só se dão a conhecer como relações. Por conseguinte, todas essas relações referem-se sempre umas às outras, sendo que, quanto à sua essência, elas nos são incompreensíveis de ponta a ponta; apenas aquilo que nós lhes acrescentamos se torna efetivamente conhecido para nós, a saber, o tempo, o espaço e, portanto, as relações de sucessão e os números.

Mas, tudo o que há de maravilhoso, que precisamente nos assombra nas leis da natureza, que exige nosso esclarecimento e que poderia conduzir-nos à desconfiança frente ao idealismo, assenta-se única e exclusivamente no rigor matemático, bem como na inviolabilidade das representações de tempo e espaço. Estas, no entanto, são produzidas em nós e a partir de nós, com aquela necessidade com a qual a aranha tece sua teia; se somos compelidos a apreender todas as coisas apenas sob tais formas, então não é mais de se admirar que, em todas as coisas, apreendemos tão-somente essas formas: pois todas elas devem trazer consigo as leis do número, sendo que é exatamente o número o mais assombroso das coisas. Toda regularidade que tanto nos impressiona na trajetória dos planetas e no processo químico coincide, no fundo, com aquelas propriedades que nós mesmos introduzimos nas coisas, de sorte que, com isso, impressionamos a nós mesmos. Disso se segue, por certo, que aquela formação artística de metáforas, que, em nós, dá início a toda sensação, já pressupõe tais formas, e, portanto, realiza-se nelas; somente a partir da firme persistência dessas formas primordiais torna-se possível esclarecer como pôde, assim como outrora, ser novamente erigido um edifício de conceitos feito com as próprias metáforas. Tal edifício é, pois, uma imitação das relações de tempo, espaço e números sobre o solo das metáforas.

II

Como vimos, a *linguagem* trabalha na construção dos conceitos desde o princípio, e, em períodos posteriores, a *ciência*. Assim como a abelha constrói os favos e, ao mesmo tempo, enche-os de mel, assim também opera a ciência irrefreadamente sobre aquele enorme columbário de conceitos, cemitério das intuições, sempre construindo novos e mais elevados pavimentos, escorando, limpando e renovando os antigos favos, esforçando-se, sobretudo, para preencher essa estrutura colossalmente armada em forma de torre e ordenar, em seu interior, o mundo empírico inteiro, isto é, o mundo antropomórfico. Se o homem de ação une sua vida à razão e a seus conceitos, para não ser arrastado e não se perder a si mesmo, o pesquisador, de sua parte, constrói sua cabana junto à torre da ciência, para que possa prestar-lhe assistência e encontrar, ele próprio, amparo sob o baluarte à sua disposição. E, com efeito, ele necessita de amparo: pois há forças terríveis que lhe irrompem constantemente e que opõem às verdades científicas "verdades" de um tipo totalmente diferente com as mais diversas espécies de emblemas.

Tal impulso à formação de metáforas, esse impulso fundamental do homem, ao qual não se pode renunciar nem por um instante, já que, com isso, renunciar-se-ia ao próprio homem, não é, em verdade, subjugado e minimamente domado pelo fato de um novo mundo firme e regular ter-lhe sido construído, qual uma fortificação, a partir de seus produtos volatizados, o mesmo é dizer, os conceitos. Ele busca um novo âmbito para sua ação e um outro regato, sendo que o encontra no mito e, em linhas gerais, na arte. Perpetuamente, mistura as rubricas e as divisórias dos conceitos ao introduzir novas transposições, metáforas, metonímias; perpetuamente, demonstra o ávido desejo de configurar o mundo à disposição do homem desperto sob uma forma tão coloridamente irregular, inconsequentemente desarmônica, instigante e eternamente nova como a do mundo do sonho. Em si, o homem desperto adquire clara consciência de que está acordado somente por meio da firme e regular teia conceitual, e, precisamente por isso, chega às vezes à crença de que está a sonhar, caso alguma vez aquela teia conceitual seja despedaçada pela arte. Pascal tem razão ao afirmar que, se fôssemos acometidos pelo mesmo sonho toda noite, iríamos ocupar-nos dele tanto quanto das coisas que vemos todo dia: "Se um artesão tivesse certeza de que a cada noite sonha, doze horas sem parar, que é rei, creio", diz Pascal, "que seria tão feliz quanto um rei que todas as noites sonhasse, ao longo de doze horas, que é um artesão". O dia desperto de um povo miticamente inspirado, como, por exemplo, os antigos gregos, é, de fato, mais semelhante ao sonho do que o dia do pensador que se tornou cientificamente sóbrio, devido ao milagre constantemente atuante tal como é aceito pelo mito. Se cada árvore é capaz de falar como ninfa, ou, então, um deus, sob a aparência de um touro, pode raptar donzelas, se a própria deusa Atena é subitamente vista ao passar, na companhia de Pisístrato, pelos mercados de Atenas com um belo par de cavalos — e nisso acreditava o ateniense honesto –, então, como no sonho, tudo é possível a cada momento, sendo que a inteira natureza se alvoroça em torno do homem como se fosse somente a mascarada dos deuses [*Maskerade der Götter*], que, enganando os homens sob todas as formas, pregava-lhes apenas uma peça.

No entanto, o próprio homem tem uma inclinação imbatível a deixar-se enganar e fica como que encantado de felicidade quando o rapsodo narra-lhe contos épicos como se estes fossem verdadeiros, ou, então, quando o ator, no espetáculo, representa o rei ainda mais soberanamente do que o exibe a efetividade. O intelecto, esse mestre da dissimulação, acha-se, pois, livre e desobrigado de todo seu serviço de escravo sempre que pode enganar sem causar *prejuízo*, e festeja, então, suas Saturnais; nunca ele é mais opulento, rico, orgulhoso, versátil e arrojado. Com satisfação criativa, baralha as metáforas e desloca as pedras demarcatórias da abstração, de sorte que, por exemplo, designa o rio como o caminho que se move e que carrega o homem em direção ao local rumo ao qual, do contrário, ele teria de caminhar. Agora, ele apartou de si a marca da subserviência: antes, dedicando-se com afinco à mórbida ocupação de mostrar a um pobre indivíduo, ávido de existência, o caminho e as ferramentas e, qual um serviçal, empenhado em roubar e saquear para o seu senhor, ele agora se tornou senhor e lhe é permitido remover de seu rosto a expressão de indigência. Em comparação com o que fazia antes, agora tudo o que faz traz em si a dissimulação, assim como sua conduta anterior trazia em si a deformação. Copia a vida humana, mas a toma por uma coisa boa e parece estar plenamente satisfeito com ela. Aquele enorme entablamento e andaime de conceitos, sobre o qual o homem necessitado se pendura e se salva ao longo da vida, é para o intelecto tornado livre apenas um cadafalso e um brinquedo para seus mais audaciosos artifícios: e quando ele o estraçalha, embaralha e ironicamente o reagrupa, emparelhando o que há de mais diverso e separando o que há de mais próximo, ele então revela que não necessita daqueles expedientes da indigência e que agora não é conduzido por conceitos, mas por intuições. A partir dessas intuições nenhum caminho regular dá acesso à terra dos esquemas fantasmagóricos, das abstrações: a palavra não é feita para elas, sendo que o homem emudece quando as vê, ou, então, fala por meio de metáforas nitidamente proibidas e combinações conceituais inauditas, para ao menos corresponder criativamente, mediante o desmantelamento e a ridicularização das antigas limitações conceituais, à poderosa intuição atual.

Há épocas em que o homem racional e o homem intuitivo colocam-se lado a lado, um com medo da intuição, outro ridicularizando a abstração; o último é tão irracional quanto o primeiro é inartístico. Ambos contam imperar sobre a vida: este sabendo encarar as mais básicas necessidades mediante precaução, sagacidade e regularidade, aquele, como "herói sobreexaltado", passando ao largo de tais necessidades e tomando por real somente a vida dissimulada em aparência e beleza. Onde o homem intuitivo, tal como na antiga Grécia, alguma vez manipula suas armas mais violentamente e mais vitoriosamente do que seu oponente, então, sob circunstâncias favoráveis, pode tomar forma uma cultura e fundar-se o domínio da arte sobre a vida; aquela dissimulação, aquele repúdio à indigência, aquele brilho das intuições metafóricas e, em linhas gerais, aquela imediatez do engano seguem todas as manifestações de tal vida. Nem a casa, nem a maneira de andar, nem a vestimenta, nem a jarra de argila evidenciam que foi a necessidade que os inventou; tudo se passa como se em todos eles devesse ser declarada uma felicidade sublime e um olímpico desanuviamento, bem como uma espécie de jogo com a seriedade. Enquanto o homem conduzido por conceitos e abstrações apenas rechaça, por meio destes, a infelicidade, sem granjear para si mesmo uma felicidade a partir das abstrações, enquanto ele se esforça ao máximo para libertar-se da dor, o homem intuitivo, situado no interior de uma cultura, já colhe de suas intuições, além da defesa contra tudo que é mal, uma iluminação contínua e caudalosa, júbilo, redenção. Por certo, sofre com mais intensidade, *quando* sofre; sim, sofre até com mais assiduidade, porque não sabe aprender a partir da experiência, voltando a cair sempre no mesmo buraco em que já havia caído. Ele é, assim, tão irracional no sofrimento quanto na felicidade, grita alto e não dispõe de qualquer consolo. Quão diferentemente ali se coloca, sob o mesmo revés, o homem estoico versado na experiência, que se governa através de conceitos! Ele, que de mais a mais só busca probidade, verdade, liberdade frente aos enganos e proteção contra as incursões ardilosas, executa agora, na infelicidade, a obra-prima da dissimulação, tal como aquele na felicidade; não carrega um rosto humano, trêmulo e movente, mas uma espécie de máscara com digna simetria de traços, não grita e tampouco muda sua voz uma vez sequer. Se uma vultosa nuvem de chuva deságua sobre ele, enrola-se em seu manto e, passo a passo, caminha lentamente para debaixo dela.

FRAGMENTOS PÓSTUMOS

NOTA LIMINAR

Sobre verdade e mentira no sentido extra-moral foi ditado por Nietzsche ao colega Gersdorff no verão de 1873 a partir de apontamentos que, em realidade, remontam ao verão de 1872. Trata-se, é claro, de fragmentos e anotações preparatórias ligados a um horizonte hermenêutico incomum e cujo léxico não se coaduna perfeitamente com o vocabulário técnico convecional. Todavia, contrariando a máxima estruturalista segundo a qual notas preparatórias não assumidas pelo autor — onde o pensamento apenas se insinua e se experimenta — devem ser vistas como "lexeis sem crença e, filosoficamente, irresponsáveis",[1] acreditamos que tais esboços precisam ser levados em consideração e compreendidos no registro especulativo a partir do qual se lançam e ganham relevo. Se eles não podem adquirir uma ascendência interpretativa absoluta sobre os trabalhos publicados ou preparados para publicação, possibilitam, ao menos, um discernimento mais claro acerca da formulação camaleônica de certos problemas, isto é, de questões que surgem num dado contexto, mas que ressurgem e amadurecem tão-somente noutras

[1] Victor Goldschmidt, "Tempo histórico e tempo lógico na interpretação dos sistemas filosóficos". Em *A religião de Platão*, São Paulo, Difel, 1963, p. 146.

ocasiões, variando de forma e conteúdo de acordo com os diferentes patamares reflexivos em que se inserem. Daí, a oportunidade das páginas que se seguem. Acompanhando as indicações histórico-filológicas da edição crítica das obras completas de Nietzsche, organizada e estabelecida por Giorgio Colli e Mazzino Montinari, a ordenação numérica dos fragmentos é sequencial e cronológica, mantendo-se a paginação da mencionada edição.

FRAGMENTOS PÓSTUMOS

19 [48], verão de 1872 — início de 1873; em Friedrich Nietzsche, *Sämtliche Werke. Kritische Studienausgabe*, Giorgio Colli e Mazzino Montinari, Berlim / Nova York, Walter de Gruyter, 1999, v. 7, p. 434.

A sentença deve ser declarada: vivemos somente através de ilusões, sendo que nossa consciência dedilha a superfície. Há muita coisa que se esconde diante de nosso olhar. Também nunca se deve temer que o homem termine por se conhecer *inteiramente*, que ele, a todo instante, penetre em todas as leis da impulsão, da mecânica, bem como em todas as fórmulas da arquitetura e da química que são necessárias à sua vida. É bem possível que tudo se torne conhecido por meio de *esquemas*. Isso não altera em quase nada nossa vida. Ademais, trata-se apenas de fórmulas para forças absolutamente desconhecidas.

19 [49], mesmo período, op. cit., p. 435.

Vivemos, com efeito, numa ilusão contínua através da superficialidade de nosso intelecto: para viver, precisamos da arte a todo instante. Nosso olho nos prende às *formas*. Se, no entanto, somos nós mesmos a adquirir, aos poucos, esse olho, então vemos vigorar em nós próprios uma *força artística*. Vemos, pois, na natureza mesma, mecanismos contra o *saber* absoluto: o *filósofo* **reconhece** *a linguagem da natureza* e diz: "precisamos da arte" e "carecemos apenas de uma parte do saber".

19 [64], mesmo período, op. cit., p. 439.

O ser sensível precisa da ilusão para viver.
A ilusão é necessária para progredir na civilização.
O que quer o insaciável impulso ao conhecimento?
Em todo caso, ele é bárbaro.
A filosofia procura domá-lo; constituindo, pois, um instrumento civilizatório.
Os filósofos mais antigos.

19 [66], mesmo período, op. cit., p. 440.

Nosso entendimento é uma força pouco profunda, é *superficial*. Ou, como também se lhe denomina, é "subjetivo". Ele conhece através de *conceitos*: isso significa que nosso pensamento é um rubricar, um nomear. Algo, portanto, que resulta de um arbítrio do homem e que não remonta à própria coisa. Apenas mediante o *cálculo* e tão-somente nas formas do espaço possui o homem conhecimento absoluto, quer dizer, os últimos limites do que pode ser conhecido são *quantidades*, sendo que ele [o homem] não *compreende* nenhuma qualidade, mas apenas uma quantidade.

Qual poderá então ser a finalidade de tal força superficial?

Ao conceito corresponde, em primeiro lugar, a imagem; imagens são pensamentos primordiais, isto é, as superfícies das coisas abreviadas no espelho do olho.

A *imagem* é uma coisa, o *modelo matemático* é outra.

Imagens nos olhos humanos! Eis o que domina todo ser humano: a partir do *olho*! Sujeito! O *ouvido* escuta o som! Uma concepção maravilhosa e inteiramente diferente do mesmo mundo.

A *arte* baseia-se na *inexatidão do olhar*. E também na inexatidão do ouvido para o ritmo, o temperamento etc.; nisso se fia, uma vez mais, a *arte*.

19 [81], mesmo período, op. cit., p. 447.

O sonhar como o prolongamento seletivo das imagens ópticas.

No âmbito do intelecto, tudo o que é qualitativo não passa de um *quantitativo*. Às qualidades somos conduzidos pelo conceito, pela palavra.

19 [97], mesmo período, op. cit., p. 451.

O homem reinvindica a verdade e a despende na relação moral com outros homens, sendo que nisso se baseia toda vida gregária. As consequências ruins das mútuas mentiras são por ele antecipadas. A partir daí surge, então, a *obrigação da verdade*. Ao narrador épico é permitida a *mentira*, pois, aqui, não se antevê nenhum efeito nocivo. Assim, lá onde a mentira parece agradável, ela é permitida: a beleza e a agradabilidade da mentira, desde que não cause danos. Eis como o sacerdote forja os mitos de seus deuses: ela [a mentira] justifica sua sublimidade. É incrivelmente difícil fazer com que o sentimento mítico da livre mentira volte a viver. Os grandes filósofos gregos ainda vivem nesse consentimento à mentira.

Lá onde não se pode conhecer nada de verdadeiro, a mentira é permitida.

À noite, ao sonhar, todo homem deixa-se enganar continuamente.

A *aspiração à verdade* é uma aquisição infinitamente tardia da humanidade. Nosso sentimento histórico é algo totalmente novo no mundo. Seria possível que ele reprimisse por completo a arte.

A afirmação da *verdade a todo custo* é *socrática*.

19 [106], mesmo período, op. cit., p. 454.

Lutar por *uma verdade* é algo totalmente distinto de lutar *pela* verdade.

19 [121], mesmo período, op. cit., p. 458.

Não conhecemos a verdadeira essência de *uma causalidade única*.

Ceticismo absoluto: necessidade de arte e ilusão.

19 [141], mesmo período, op. cit., p. 464.

Todo conhecimento surge por meio de separação, delimitação e abreviação; não há conhecimento absoluto de uma totalidade!

19 [157], mesmo período, op. cit., p. 468.

O imenso consenso dos homens acerca das coisas comprova a uniformidade de seu aparato perceptivo.

19 [158], mesmo período, op. cit., p. 468.

Para o vegetal, o mundo é tal e tal — e, para nós, tal e tal. Se compararmos as duas forças perceptivas, a nossa concepção de mundo nos parecerá mais correta, isto é, mais condizente com a verdade. O homem desenvolveu-se a passos lentos e o conhecimento ainda se desenvolve: a imagem do universo torna-se, pois, cada vez mais veraz e completa. Evidentemente, trata-se apenas de uma *imagem refletida*, e cada vez mais nítida. O próprio espelho, porém, não é de todo estranho e contrário à essência das coisas, senão que também veio à tona vagarosamente como essência das coisas. Vemos um esforço para tornar o espelho mais e mais adequado: a ciência leva adiante o processo natural. Assim é que as coisas se refletem de modo cada vez mais transparente: libertação gradual do que é demasiado antropomórfico. *Para o vegetal, o mundo inteiro é vegetal*, sendo que, para nós, é humano.

19 [160], mesmo período, op. cit., p. 469.

Considero um equívoco falar de uma meta inconsciente da humanidade. Ela não constitui um todo tal como um formigueiro. Pode-se talvez falar sobre uma meta inconsciente de uma cidade, de um povo: mas o que significa falar a respeito da meta inconsciente de *todos formigueiros* da terra!

19 [165], mesmo período, op. cit., p. 471.

Conhecemos apenas *uma* realidade — a dos *pensamentos*.
E se isso fosse a essência das coisas!
Se memória e sensação fossem o *material* das coisas!

19 [166], mesmo período, op. cit., p. 471.

O pensamento fornece-nos o conceito de uma forma inteiramente nova de *realidade*: ele é composto de sensação e memória.

19 [175], mesmo período, op. cit., p. 473.

O que a verdade faz com os homens!
Quando se acredita possuir a verdade, a vida mais elevada e pura parece possível. *A crença na verdade* é necessária ao homem.

A verdade vem à luz como necessidade social: por meio de uma metástase, ela é posteriormente aplicada a tudo aquilo que dela independe.

Todas as virtudes surgem a partir de carências. Com a sociedade, nasce a necessidade de veracidade. Do contrário, o homem viveria em eterno ofuscamento. A fundação do estado incita a veracidade.

O impulso ao conhecimento tem uma origem *moral*.

19 [179], mesmo período, op. cit., p. 474.

A natureza acomodou o homem em flagrantes ilusões. Eis seu elemento próprio. Ele vê formas e, em vez de verdades, sente estímulos. Sonha e imagina para si homens divinos como sendo a natureza.

O homem tornou-se acidentalmente um ser que conhece, por meio da união não intencional de duplas qualidades. Algum dia, ele desaparecerá e nada terá acontecido.

Durante muito tempo eles [os homens] não existiram e, quando eles próprios tiverem deixado de existir, não terão aplicado-se a coisa alguma. Eles não têm nenhuma missão ou finalidade a cumprir.

O homem é um animal extremamente patético e toma todas suas propriedades por algo de suma relevância, como se os eixos do universo girassem nele.

O semelhante lembra do semelhante e, com isso, passa a se comparar: eis o conhecer, o apressado subsumir daquilo que é similar. Apenas o semelhante percebe o semelhante: um processo fisiológico. Aquilo que é memória é também percepção do novo. Não pensamento sobre pensamento.

19 [181], mesmo período, op. cit., p. 476.

O valor objetivo do conhecimento — ele não torna *melhor*. Não possui fins universais últimos. Seu surgimento é acidental. Valor da veracidade. Ela sim torna melhor! Seu fim é o declínio. Ela sacrifica. Nossa *arte* é cópia do conhecimento desesperado.

19 [182], mesmo período, op. cit., p. 476.

A humanidade possui, no conhecimento, um belo meio para o declínio.

19 [183], mesmo período, op. cit., p. 476.

Que o homem tenha se tornado isso que ele é, e não outra coisa, eis algo que se deve a ele mesmo: que tenha submergido na ilusão (sonho) e se tornado dependente da superfície (olho), eis o que constitui sua *essência*. Seria então de admirar se o impulso à verdade resultasse, no fim das contas, de sua essência fundamental?

19 [204], mesmo período, op. cit., p. 481.

As *abstrações* são *metonímias*, isto é, permutações de causa e efeito. Mas todo conceito é uma metonímia, sendo que, nos conceitos, o conhecer termina por se antecipar. A "verdade" converte-se num *poder*, assim que a liberamos como abstração.

19 [218], mesmo período, op. cit., p. 488.

O *pathos* da verdade num mundo da mentira.

O mundo da mentira reencontrado nos mais elevados cumes da filosofia.

O objetivo dessas elevadas mentiras é o amansamento do indelineável impulso ao conhecimento.

Surgimento do impulso ao conhecimento a partir da moral.

19 [220], mesmo período, op. cit., p. 488.

Todo ínfimo conhecimento tem em si uma enorme satisfação: não enquanto verdade, mas como crença de ter descoberto a verdade. Que tipo de satisfação é essa?

19 [228], mesmo período, op. cit., p. 490.

O *imitar* é, a propósito, o oposto do *conhecer*, já que este justamente não pretende fazer valer nenhuma transposição, mas reter a impressão sem metáfora e sem consequências. Para tanto, ela [a impressão] é petrificada: por meio de conceitos, a impressão é capturada e isolada, e, depois de morta e esfolada, é mumificada e conservada enquanto conceito.

Não há, porém, quaisquer expressões "próprias", assim como, *sem metáfora, não há nenhum conhecer propriamente dito*. Mas nisso consiste o engano, quer dizer, a *crença* numa *verdade* da impressão sensível. As metáforas mais habituais, usuais, agora servem como verdades e medida para as metáforas mais raras. Em si, vigora aqui a diferença entre o familiar e o novo, o frequente e o excepcional.

O *conhecer* é tão-somente um operar com as metáforas prediletas, e, a ser assim, nada mais que uma imitação do imitar sensível. Ele não pode, evidentemente, penetrar no âmbito da verdade.

O *pathos* do impulso à verdade pressupõe a observação de que os diferentes universos metafóricos são discrepantes e permanecem em luta, como, por exemplo, o sonho, a mentira etc. e a versão usual e comum: eis por que uma é a mais rara e a outra a mais frequente. O hábito luta, pois, contra a exceção, o regular contra o inabitual. Daí a cautela da efetividade diurna diante do mundo dos sonhos.

O raro e inabitual é, porém, o *mais pleno de estímulo* — a mentira é sentida como estímulo. Poesia.

19 [229], mesmo período, op. cit., p. 491.

Na sociedade política, um rígido acordo faz-se necessário, já que ela se funda no uso comum de metáforas. Tudo o que foge ao costumeiro desestabiliza-a, aniquila-a inclusive. Utilizar cada palavra tal como a massa a utiliza é, pois, o mesmo que moral e conveniência política. Ser *verdadeiro* significa apenas não se desviar do sentido usual das coisas. O verdadeiro é o *existente*, em contraposição ao não-efetivo. A primeira convenção é aquela concernente àquilo que deve valer como "existente".

Mas, transposto à *natureza*, o impulso que constrange a ser verdadeiro produz a crença de que também a natureza circundante deve ser verdadeira. O impulso ao conhecimento baseia-se nessa transposição.

Por "verdadeiro" compreende-se, antes de mais nada, apenas aquilo que usualmente consiste na metáfora habitual — portanto, somente uma ilusão que se tornou familiar por meio do uso frequente e que já não é mais sentida como ilusão: metáfora esquecida, isto é, uma metáfora da qual se esqueceu que é uma metáfora.

19 [230], mesmo período, op. cit., p. 492.

O *impulso à verdade* começa com a forte observação de quão antipódicos são o mundo efetivo e o mundo da mentira, bem como de que quão incerta se torna a vida humana, se a verdade convencionalmente estabelecida não valer de modo incondicional: há que se ter uma convicção moral acerca da necessidade de uma firme convenção, caso uma sociedade humana deva existir. Se em algum lugar o *estado de guerra* deve cessar, então isso tem que se dar com a fixação da verdade, isto é, com uma *designação* válida e impositiva das coisas.

O mentiroso emprega as palavras para fazer com que o irreal venha à luz como algo efetivo, quer dizer, ele abusa do firme fundamento.

Por outro lado, o impulso em direção a metáforas sempre novas permanece presente, descarregando-se no poeta, no ator etc., e, em especial, na religião.

O filósofo também busca, no âmbito em que vigoravam as religiões, o "efetivo", o *permanente*, isto é, no sentimento do eterno e mítico jogo da mentira. Ele quer uma verdade que *permaneça*. Estende, pois, a necessidade de firmes convenções verdadeiras sobre novos âmbitos.

19 [234], mesmo período, op. cit., p. 493.

Gostaria de tratar da questão acerca do valor do conhecimento tal como um anjo frio que penetra na inteira escumalha. Sem ser maldoso, mas sem coração.

19 [235], mesmo período, op. cit., p. 493.

Todas as leis naturais são tão-somente *relações* de um X com Y e Z. Definimos as leis naturais como relações entre X, Y e Z: eis por que tudo se *nos* torna novamente conhecido *apenas como relações* entre outros X, Y e Z.

19 [236], mesmo período, op. cit., p. 493.

Em rigor, o conhecer possui apenas a forma da tautologia e é *vazio*. Todo conhecimento por nós promovido consiste numa *identificação do não-igual*, do semelhante, quer dizer, trata-se de algo essencialmente ilógico.

Somente por esse trilho adquirimos um conceito, sendo que, depois, agimos como se o conceito "homem" fosse algo real, quando, no entanto, ele é por nós formado mediante a abstração de todos os traços individuais. Pressupomos que a natureza procede de acordo com tal conceito: mas, aqui, a natureza, bem como o conceito, é antropomórfica. A *falta de consideração* pelo individual fornece-nos o conceito e, com isso, tem início o nosso conhecimento: no *rubricar*, nas tabulações de *gêneros*. A essência das coisas não corresponde, porém, a isso: é um processo de conhecimento que não se coaduna com a essência das coisas. Muitos traços particulares podem definir uma coisa, mas não todas: a igualação desses traços nos dá o ensejo para agrupar muitas coisas sob um só conceito.

Enquanto *portadores de propriedades*, produzimos essências e abstrações como causas de tais propriedades.

Que uma unidade — como, por exemplo, uma árvore se nos apresente como uma multiplicidade de propriedades, de relações —, eis algo antropomórfico num duplo sentido: antes de mais nada, essa unidade delimitada, "árvore", não existe, trata-se de algo que foi arbitrariamente seccionado (de acordo com o olho, com a forma); e, ademais, nenhuma relação constitui a relação verdadeira e absoluta, senão que é, novamente, colorida antropomorficamente.

19 [240], mesmo período, op. cit., p. 495.

O mundo é aparência — mas *não somos* única e exclusivamente a causa de seu aparecer. Ele também é irreal a partir de um outro lado.

19 [242], mesmo período, op. cit., p. 495.

A essência da definição: o lápis é um corpo alongado etc. A é B. Aqui, aquilo que é alongado é, ao mesmo tempo, colorido. As propriedades contêm apenas relações.

Um corpo determinado equivale a tais e tais relações. Estas jamais podem ser a essência, mas apenas consequências da essência. O juízo sintético descreve uma coisa de acordo com suas consequências, isto é, *essência* e *consequências* são *identificadas*, quer dizer, uma *metonímia*.

Assim, na essência do juízo sintético acha-se uma *metonímia*; ou seja, trata-se de uma *identificação enganosa*.

Noutros termos, *as inferências sintéticas são ilógicas*. Quando as empregamos, pressupomos a metafísica popular que toma efeitos por causas.

O conceito "lápis" é trocado pela "coisa" lápis. O "*é*" contido no juízo sintético é falso, encerra uma transposição por meio da qual duas esferas distintas são colocadas lado a lado, sendo que entre ambas jamais pode dar-se uma igualação.

Vivemos e pensamos sob indisfarçáveis efeitos do *ilógico*, na ignorância e no falso saber.

19 [244], mesmo período, op. cit., p. 496.

De onde vem, no inteiro universo, o *pathos da verdade*?
Ele não aspira à verdade, mas à crença, à confiança em algo.

19 [249], mesmo período, op. cit., p. 498.

Metáfora significa tratar como *igual* algo que, num dado ponto, foi reconhecido como *semelhante*.

19 [254], mesmo período, op. cit., p. 499.

O filósofo busca a verdade?
Não, pois, nesse caso, esperar-se-ia dele mais segurança.
A verdade é fria, a crença na verdade é poderosa.

19 [258], mesmo período, op. cit., p. 500.

A verdade é indiferente ao homem: isso revela a tautologia como sendo a única forma acessível da verdade.

Pois, buscar a verdade também significa rubricar com exatidão, isto é, subordinar corretamente os casos individuais a um conceito existente. Aqui, porém, o conceito é um feito que nos pertence, tal como as épocas passadas. Subsumir o mundo inteiro em conceitos precisos significa tão-somente enfileirar as coisas particulares sob as formas de relação mais gerais e primordialmente humanas: a ser assim, os conceitos só *atestam* aquilo que introduzimos neles e que, mais tarde, procuramos novamente sob eles — o que, no fundo, também é uma tautologia.

29 [14], verão — outono de 1873, op. cit., p. 631.

Não há um impulso ao conhecimento e à verdade, mas tão-somente um impulso à crença na verdade. O conhecimento puro é desprovido de impulso.

COLEÇÃO DE BOLSO HEDRA

1. *Iracema*, Alencar
2. *Don Juan*, Molière
3. *Contos indianos*, Mallarmé
4. *Auto da barca do Inferno*, Gil Vicente
5. *Poemas completos de Alberto Caeiro*, Pessoa
6. *Triunfos*, Petrarca
7. *A cidade e as serras*, Eça
8. *O retrato de Dorian Gray*, Wilde
9. *A história trágica do Doutor Fausto*, Marlowe
10. *Os sofrimentos do jovem Werther*, Goethe
11. *Dos novos sistemas na arte*, Maliévitch
12. *Mensagem*, Pessoa
13. *Metamorfoses*, Ovídio
14. *Micromegas e outros contos*, Voltaire
15. *O sobrinho de Rameau*, Diderot
16. *Carta sobre a tolerância*, Locke
17. *Discursos ímpios*, Sade
18. *O príncipe*, Maquiavel
19. *Dao De Jing*, Laozi
20. *O fim do ciúme e outros contos*, Proust
21. *Pequenos poemas em prosa*, Baudelaire
22. *Fé e saber*, Hegel
23. *Joana d'Arc*, Michelet
24. *Livro dos mandamentos: 248 preceitos positivos*, Maimônides
25. *O indivíduo, a sociedade e o Estado, e outros ensaios*, Emma Goldman
26. *Eu acuso!*, Zola | *O processo do capitão Dreyfus*, Rui Barbosa
27. *Apologia de Galileu*, Campanella
28. *Sobre verdade e mentira*, Nietzsche
29. *O princípio anarquista e outros ensaios*, Kropotkin
30. *Os sovietes traídos pelos bolcheviques*, Rocker
31. *Poemas*, Byron
32. *Sonetos*, Shakespeare
33. *A vida é sonho*, Calderón
34. *Escritos revolucionários*, Malatesta
35. *Sagas*, Strindberg
36. *O mundo ou tratado da luz*, Descartes
37. *O Ateneu*, Raul Pompeia
38. *Fábula de Polifemo e Galateia e outros poemas*, Góngora
39. *A vênus das peles*, Sacher-Masoch
40. *Escritos sobre arte*, Baudelaire
41. *Cântico dos cânticos*, [Salomão]
42. *Americanismo e fordismo*, Gramsci
43. *O princípio do Estado e outros ensaios*, Bakunin
44. *O gato preto e outros contos*, Poe
45. *História da província Santa Cruz*, Gandavo
46. *Balada dos enforcados e outros poemas*, Villon
47. *Sátiras, fábulas, aforismos e profecias*, Da Vinci
48. *O cego e outros contos*, D.H. Lawrence

49. *Rashômon e outros contos*, Akutagawa
50. *História da anarquia (vol. 1)*, Max Nettlau
51. *Imitação de Cristo*, Tomás de Kempis
52. *O casamento do Céu e do Inferno*, Blake
53. *Cartas a favor da escravidão*, Alencar
54. *Utopia Brasil*, Darcy Ribeiro
55. *Flossie, a Vênus de quinze anos*, [Swinburne]
56. *Teleny, ou o reverso da medalha*, [Wilde et al.]
57. *A filosofia na era trágica dos gregos*, Nietzsche
58. *No coração das trevas*, Conrad
59. *Viagem sentimental*, Sterne
60. *Arcana Cœlestia e Apocalipsis revelata*, Swedenborg
61. *Saga dos Volsungos*, Anônimo do séc. XIII
62. *Um anarquista e outros contos*, Conrad
63. *A monadologia e outros textos*, Leibniz
64. *Cultura estética e liberdade*, Schiller
65. *A pele do lobo e outras peças*, Artur Azevedo
66. *Poesia basca: das origens à Guerra Civil*
67. *Poesia catalã: das origens à Guerra Civil*
68. *Poesia espanhola: das origens à Guerra Civil*
69. *Poesia galega: das origens à Guerra Civil*
70. *O chamado de Cthulhu e outros contos*, H.P. Lovecraft
71. *O pequeno Zacarias, chamado Cinábrio*, E.T.A. Hoffmann
72. *Tratados da terra e gente do Brasil*, Fernão Cardim
73. *Entre camponeses*, Malatesta
74. *O Rabi de Bacherach*, Heine
75. *Bom Crioulo*, Adolfo Caminha
76. *Um gato indiscreto e outros contos*, Saki
77. *Viagem em volta do meu quarto*, Xavier de Maistre
78. *Hawthorne e seus musgos*, Melville
79. *A metamorfose*, Kafka
80. *Ode ao Vento Oeste e outros poemas*, Shelley
81. *Oração aos moços*, Rui Barbosa
82. *Feitiço de amor e outros contos*, Ludwig Tieck
83. *O corno de si próprio e outros contos*, Sade
84. *Investigação sobre o entendimento humano*, Hume
85. *Sobre os sonhos e outros diálogos*, Borges | Osvaldo Ferrari
86. *Sobre a filosofia e outros diálogos*, Borges | Osvaldo Ferrari
87. *Sobre a amizade e outros diálogos*, Borges | Osvaldo Ferrari
88. *A voz dos botequins e outros poemas*, Verlaine
89. *Gente de Hemsö*, Strindberg
90. *Senhorita Júlia e outras peças*, Strindberg
91. *Correspondência*, Goethe | Schiller
92. *Índice das coisas mais notáveis*, Vieira
93. *Tratado descritivo do Brasil em 1587*, Gabriel Soares de Sousa
94. *Poemas da cabana montanhesa*, Saigyō
95. *Autobiografia de uma pulga*, [Stanislas de Rhodes]
96. *A volta do parafuso*, Henry James
97. *Ode sobre a melancolia e outros poemas*, Keats
98. *Teatro de êxtase*, Pessoa

99. *Carmilla — A vampira de Karnstein*, Sheridan Le Fanu
100. *Pensamento político de Maquiavel*, Fichte
101. *Inferno*, Strindberg
102. *Contos clássicos de vampiro*, Byron, Stoker e outros
103. *O primeiro Hamlet*, Shakespeare
104. *Noites egípcias e outros contos*, Púchkin
105. *A carteira de meu tio*, Macedo
106. *O desertor*, Silva Alvarenga
107. *Jerusalém*, Blake
108. *As bacantes*, Eurípides
109. *Emília Galotti*, Lessing
110. *Contos húngaros*, Kosztolányi, Karinthy, Csáth e Krúdy
111. *A sombra de Innsmouth*, H.P. Lovecraft
112. *Viagem aos Estados Unidos*, Tocqueville
113. *Émile e Sophie ou os solitários*, Rousseau
114. *Manifesto comunista*, Marx e Engels
115. *A fábrica de robôs*, Karel Tchápek
116. *Sobre a filosofia e seu método — Parerga e paralipomena (v. II, t. I)*, Schopenhauer
117. *O novo Epicuro: as delícias do sexo*, Edward Sellon
118. *Revolução e liberdade: cartas de 1845 a 1875*, Bakunin
119. *Sobre a liberdade*, Mill
120. *A velha Izerguil e outros contos*, Górki
121. *Pequeno-burgueses*, Górki
122. *Um sussurro nas trevas*, H.P. Lovecraft
123. *Primeiro livro dos Amores*, Ovídio
124. *Educação e sociologia*, Durkheim
125. *Elixir do pajé — poemas de humor, sátira e escatologia*, Bernardo Guimarães
126. *A nostálgica e outros contos*, Papadiamántis
127. *Lisístrata*, Aristófanes
128. *A cruzada das crianças/ Vidas imaginárias*, Marcel Schwob
129. *O livro de Monelle*, Marcel Schwob
130. *A última folha e outros contos*, O. Henry
131. *Romanceiro cigano*, Lorca
132. *Sobre o riso e a loucura*, [Hipócrates]
133. *Hino a Afrodite e outros poemas*, Safo de Lesbos
134. *Anarquia pela educação*, Élisée Reclus
135. *Ernestine ou o nascimento do amor*, Stendhal
136. *A cor que caiu do espaço*, H.P. Lovecraft
137. *Odisseia*, Homero
138. *O estranho caso do Dr. Jekyll e Mr. Hyde*, Stevenson
139. *História da anarquia (vol. 2)*, Max Nettlau
140. *Eu*, Augusto dos Anjos
141. *Farsa de Inês Pereira*, Gil Vicente
142. *Sobre a ética — Parerga e paralipomena (v. II, t. II)*, Schopenhauer

Edição _	Jorge Sallum
Coedição _	André Fernandes e Bruno Costa
Capa e projeto gráfico _	Júlio Dui e Renan Costa Lima
Imagem de capa _	Io, Lua de Júpiter (Nasa)
Programação em LaTeX _	Marcelo Freitas
Revisão _	André Fernandes e Jorge Sallum
Assistência editorial _	Bruno Oliveira e Lila Zanetti
Colofão _	Adverte-se aos curiosos que se imprimiu esta obra em nossas oficinas em 6 de julho de 2012, em papel off-set 90 g/m², composta em tipologia Minion Pro, em GNU/Linux (Gentoo, Sabayon e Ubuntu), com os softwares livres LaTeX, DeTeX, vim, Evince, Pdftk, Aspell, svn e TRAC.